Diário da Julia Silva

Ciranda Cultural

CIP-BRASIL. CATALOGAÇÃO NA PUBLICAÇÃO
SINDICATO NACIONAL DOS EDITORES DE LIVROS, RJ

S58d

    Silva, Julia
        Diário da Julia Silva / Julia Silva, Flávia Fernandes. - 1. ed. - Barueri, SP : Ciranda Cultural, 2016.
        128 p. : il. ; 24 cm.

      ISBN 9788538054504

       1. Silva, Julia - Diários. 2. Literatura infantojuvenil brasileira. I. Fernandes, Flávia. II. Título.

16-32020   CDD: 028.5
                                      CDU: 087.5

COMO USAR OS QR CODES:

1 - Baixe um aplicativo leitor de QR code.

2 - Abra o aplicativo e posicione o QR code na frente da câmera.

3 - Abra o link mostrado pelo aplicativo.

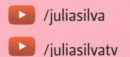   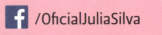   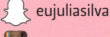

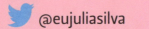   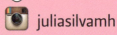

© 2016 Ciranda Cultural Editora e Distribuidora Ltda.
Produção: Ciranda Cultural
Redação: Julia Silva e Flávia Fernandes

Imagens: Shutterstock e Estúdio N Casting

Créditos das imagens do Shutterstock: Noel Moore (12); JeniFoto (12); Sean Pavone (12); Oliver Hoffmann (12); Lyudmyla Kharlamova (12); JBOY (29); chudo-yudo (42); notkoo (66); Saint A (89); love_is_love (89); urfin (97); bioraven (106); Lightkite (108, 109); Faberr Ink (111); Vector-Stock (126); KissBeetle (127). Créditos dos ícones: Macrovector; Incomible; Redcollegiya; Nikolaeva; notkoo.

BARBIE, MONSTER HIGH e POLLY POCKET e marcas associadas e seus elementos são de propriedade de, e usados sob licença de, Mattel. ©2016 Mattel. Todos os direitos reservados.

AVISO: As fotos com a família e pessoas famosas contidas neste livro são do acervo pessoal de Julia Silva e aparecem aqui apenas como caráter informativo.

AVISO: As marcas registradas, os nomes de empresas e produtos mencionados neste livro são utilizados apenas para critérios de identificação e pertencem aos respectivos proprietários.

1ª Edição
www.cirandacultural.com.br

Todos os direitos reservados. Nenhuma parte desta publicação pode ser reproduzida, arquivada em sistema de busca ou transmitida por qualquer meio, seja ele eletrônico, fotocópia, gravação ou outros, sem prévia autorização do detentor dos direitos, e não pode circular encadernada ou encapada de maneira distinta àquela em que foi publicada, ou sem que as mesmas condições sejam impostas aos compradores subsequentes.

Nem acredito!

Oba! Recebi um convite para escrever um livro! Na hora pensei: "será que os fãs gostariam de ler o meu diário? Os meus segredos mais secretos?"

Mais do que ler esse diário, quero que você escreva nele também! Assim, construiremos juntos este "livro-diário"!

Vamos manter nossos segredos guardados, ok?

Este diário foi escrito por

Julia Silva

e

_____

Beijos monstruosos e eletrizantes! :)

Sumário

1	Um pouco sobre mim	6
2	Como tudo começou	14
3	Na França	22
4	Mudança de novo	32
5	Aniversário e coisas novas	38
6	Minha família	44
7	Eu na TV	50
8	500 mil inscritos!	60
9	Meu outro canal e as novelinhas	66

10 Passeios + Dia das Crianças   72

11 Segredos e homenagem   82

12 Os dois lados da fama   90

13 Amigos e sonhos   98

14 Paris e o ano novo   104

15 Volta às aulas   110

16 Meus avós   116

17 Relembrando   120

18 Um milhão!   126

1 Um pouco sobre mim

Querido diário, eu sou Julia Silva e aqui vou escrever um pouco sobre mim. Acabo de completar 10 anos! Isso é muito emocionante! Agora, são duas mãos cheias de dedos! Achei que iria demorar para chegar esse dia, mas passou bem rápido.

Nasci no dia 25 de julho de 2005. Eu nunca contei para ninguém que considero minha data de nascimento meu número da sorte 777! Afinal, se você somar os números do dia, do mês e do ano em que nasci, todas as somas dão 7. Então, minha data é 777! Acho que todo mundo tem um número da sorte. O meu é 7!

Eu já tive uns dez diários! Começava a escrever e depois de uns dez dias eu parava. Aí, depois de alguns meses, eu lembrava que tinha um diário! Estranho isso, porque eu gosto de diários, mas não sei por que nunca consegui ter um. Acho que eu não tinha paciência para escrever todos os dias.

O que eu gosto mesmo é de me comunicar com as pessoas. Falar com todo mundo! Foi assim que surgiu a ideia de compartilhar meus sentimentos, sonhos e experiências com quem gosta de mim! Por isso, este diário é muito diferente dos outros!

Agora é sua vez, escreva sobre você! Escreva o dia em que nasceu e lembre-se de compartilhar comigo seu número da sorte!

_____
_____
_____.

Várias coisas incríveis estão acontecendo na minha vida! Eu até realizei alguns sonhos, como o de ser famosa na internet! Mas na minha lista de sonhos, o primeiro é trabalhar na TV! :) Não vejo a hora!

Escreva agora algo incrível que aconteceu com você! Quais sonhos você já realizou?

_____
_____
_____.

7

Segredinho

Ah, tem algo que preciso dizer, muito do que está registrado aqui, escrevi no diário que ganhei de uma fã. Ela e o irmãozinho dela me deram de presente de aniversário. Como eu já disse antes, este não é o meu primeiro diário, mas será um dos mais especiais que já tive! Um dos meus diários foi o da Monster High. Fiz até um vídeo dele! Tinha várias perguntas legais! Hoje, respondi de novo às mesmas perguntas! Veja as respostas.

Quer saber as minhas respostas aos sete anos?

Hoje, aos 10 anos:

Estilo: fashion lover!

Curiosidade sinistra: meu olho ainda muda de cor! Mas na maioria dos dias ele é cor de mel. Às vezes ele fica meio verde e outros dias castanho.

Animal de estimação: calopsita Jujuba.

Atividades preferidas: gravar vídeos, brincar de boneca e cantar.

O que mais me irrita: quando a internet fica fora do ar!

Matérias favoritas: Português, Inglês, amo línguas em geral, e também Ciências e Matemática.

Matéria que menos gosto: acho que é Informática. Acho que deveria ter um conteúdo mais legal e que eu pudesse aprender mais.

Cor preferida: eu tenho três! Rosa, azul e roxo. O que eu acho mais interessante é que essas cores combinam! (as cores rosa e azul formam o roxo!)

Comida preferida: atum.

Melhores amigos: minha mãe! É com ela que divido minhas ideias, meus vídeos, tudo! Além dela, tem a Gabi Almeida, que é minha amiga da escola em Itajubá. E também os amigos do YouTube. Claro, os meus seguidores e amigos da escola também são meus melhores amigos!

Atriz favorita: Maisa Silva.

Música que eu mais gosto: qualquer uma da Fifth Harmony.

Cantora favorita: a banda Fifth Harmony! Eu adoro as músicas delas. Elas têm até Barbie!

Acho que nunca contei para ninguém, tem mais algumas coisas que adoro:

Dias da semana favoritos: segunda-feira e quinta-feira.

Livro: *O Pequeno Príncipe*.

Filme: *Descendentes!*

Brinquedos preferidos: todos! Mas amo muito as minhas bonecas!

Agora é sua vez! Complete a lista de curiosidades sobre você.

Estilo: _____.

Curiosidade sinistra: _____
_____
_____.

Animal de estimação: _____.

Atividades preferidas: _____
_____.

O que mais me irrita: _____.

Matérias favoritas: _____.

Matéria que menos gosto: _____.

Cor preferida: _____.

Comida preferida: _____.

Melhores amigos: _____.

Atriz favorita: _____.

Música que eu mais gosto: _____.

Cantora favorita: _____.

Dias da semana favoritos: _____.

Livro: _____.

Filme: _____.

Brinquedos preferidos: _____.

Sabe de uma coisa? Eu acho que tudo que eu gosto pode mudar a cada dia! Por isso, de tempos em tempos eu faço vídeos respondendo perguntas. Isso também me ajuda a ficar próxima dos fãs que considero meus amigos. Já aconteceu várias vezes de eu falar num vídeo que gostava de alguma coisa e depois passei a gostar de outra. Isso acontece muito com música: de tanto escutar, eu acabo enjoando. Afinal, todos mudam de opinião, né?

Escreva alguma coisa que você gostava muito e agora não gosta mais.

_____
_____
_____.

Sonhos

Diário, lembrei dos meus sonhos e fiquei inspirada! Tenho muitos sonhos diferentes!

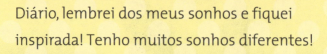

Sonho em ser:
- Jornalista
- Escritora
- Atriz
- Cantora

Coisas que sonho em fazer:
- Apresentar um programa de televisão
- Filme em Hollywood
- Um bolo decorado gigante

Lugares que sonho em conhecer:

- **Japão**
A cultura de lá é bem diferente e é sempre legal conhecer lugares novos.

- **Holanda**
Lá tem o Festival de Tulipas. Essa é minha flor predileta! Ah, também adoro rosas!

- **Nova Iorque**
Quero algum dia morar lá! Já realizei o sonho de conhecer a cidade, agora sempre penso em morar lá! Eu amei Nova Iorque!

Quando dormimos, nós também sonhamos, mas um tipo diferente de sonho. Os sonhos da minha lista eu sei que podem se tornar realidade. Preciso apenas me dedicar para alcançá-los e acreditar neles!

Sonhos que já realizei:

- ✓ Ter um canal e um blog na internet
- ✓ Ser famosa nas redes sociais
- ✓ Fazer propaganda de televisão
- ✓ Conhecer Nova Iorque
- ✓ Ter muitos amigos

Eu adoro pensar nos meus sonhos! Agora vou dormir. Nem acredito que escrevi tanto num dia só. Como é bom sonhar!

Faça uma lista de sonhos também.
O que você tem vontade de ser ou de fazer?
E quais lugares sonha em conhecer?

- _____
- _____
- _____
- _____
- _____
- _____

- _____
- _____
- _____
- _____
- _____
- _____

2 Como tudo começou

Olá, diário! Depois de falar sobre mim, voltei a pensar na época em que comecei nas redes sociais. Eu me lembro muito bem de quando decidi que eu queria ter um blog. Eu já tinha alguns vídeos públicos no meu canal do YouTube nessa época. Quer dizer, no canal que era da minha mãe... com tantos vídeos meus, passei a dominar o canal dela rsrsrs.

Algo que eu queria muito, muito mesmo!

Eu tinha uns 6 ou 7 anos. Comecei a pensar em ter um blog. Fiquei um mês pedindo para a minha mãe! Eu só pensava nisso. Até que, de tanto pensar, soltei um grito sem querer: "eu quero muito, muito mesmo ter um blog!". Depois que gritei, olhei ao redor e percebi que estava num elevador lotado, com pessoas olhando para mim.

Nossa! Eu nem tinha percebido que tinha tanta gente por perto. Minha mãe até se assustou na hora. Fiquei morrendo de vergonha. Hoje eu até acho engraçado! Eu nunca tinha feito aquilo. Naquele dia eu cheguei em casa, liguei o computador e comecei a procurar tudo sobre blogs. Tudo mesmo.

Mãe, posso ter um blog? Diz que sim! :)

Depois de pesquisar bastante e ver como funcionava, pedi para a minha mãe deixar eu ter meu blog. Ela deixou e me incentivou também. O primeiro post do meu blog foi publicado no dia 2 de janeiro de 2013. Era uma foto das Monster High com desejos de Feliz 2013!

Mãe, posso ter um blog? Diz que sim! :)

Veja o meu primeiro post:

Você também já pagou algum mico por querer tanto alguma coisa? Que tal compartilhar sua resposta comigo?

_____
_____
_____
_____
_____.

Outros posts no blog: Monster High

Meu blog começou com Monster High, pois eu gostava muito na época. E ainda gosto! O primeiro nome que eu escolhi para o blog foi Julia Monstrinha. Depois de um tempo, mudamos para Julia Silva MH (claro!) e, conforme o blog foi crescendo, nós resolvemos alterar para Julia Silva Oficial. Aos poucos, fomos deixando o site mais bonito. De qualquer forma, todos os posts continuam lá! Eu falo no plural porque minha mãe e meu pai me ajudam a administrar o blog e todos os meus perfis nas redes sociais. É um trabalho em conjunto.

Meu pai participa de vídeos e me dá ideias legais. Minha mãe corrige os textos, pesquisa coisas legais e me ajuda a editar vídeos. Enfim, eles são tudo na minha vida!

julia silva
youtube: Julia Silva
facebook: juliasilvaMH
Blog: juliamonstrinha.blogspot.com.br
Seja única! Seja você mesma!

Ainda sobre Monster High

No blog, eu sempre postava várias coisas de Monster High. E toda vez, tinha comentários de fãs do desenho pedindo para eu postar mais e mais. Como eu adoro artesanato, decidi fazer móveis para uma casinha de Monster High que eu queria. E um dia postei um vídeo ensinando a fazer uma cadeirinha e ele fez o maior sucesso! :O

Veja como fazer a cadeirinha:

 ## Frankie, minha monster preferida

A Monster High mais parecida comigo é a Frankie. Ela é um pouco desastrada, era nova na escola e é muito elétrica (meu nome significa "cheia de energia"). Foi aí que eu quis saber dos meus leitores:

Você também gosta de Monster High? Qual é o seu personagem preferido? Por quê?

_____

_____

17

Nova escola, cidade e amigos

Quando comecei com o blog, eu já estava fazendo vídeos fazia uns seis meses. Eu tinha acabado de mudar de cidade, de São José dos Campos para Itajubá, porque o meu pai foi trabalhar lá, e também mudei de escola. Brincar com minhas bonecas e fazer os vídeos eram minhas melhores brincadeiras. Ou melhor, ainda são! Acho que também me ajudou a não me sentir tão sozinha. Na época, eu só tinha amigas na escola antiga e ainda estava conhecendo as pessoas da escola nova. Eu também não tenho irmãs para brincar e morava longe da minha priminha Lulu. Então, com os vídeos, fiz vários amigos pela internet!

Os primeiros vídeos

Meus primeiros vídeos foram feitos pela minha mãe, em um canal privado, com meu nome. Ela sempre me filmava quando eu fazia alguma brincadeira ou algo engraçado para mostrar para a minha família. Então, desde pequena eu já fazia vídeos. Assim, toda a família podia me ver brincando e crescendo, já que meu avô, minhas tias Conceição e Juliana, o tio Adolpho e meus primos Victor, Arthur e Cadu moravam em Recife, e eu e meus pais em São José dos Campos. Meu avô adorava ver as gravações. Ele dizia que eu seria famosa um dia e que o sonho dele era me ver na TV. Pena que meu avô já foi morar no céu, mas eu sei que se isso acontecer ele vai me ver de alguma forma.

Você também faz vídeos? Que tal criar um vídeo falando sobre seu brinquedo ou personagem preferido?

Tema do vídeo: _____

Duração: _____

Beijos monstruosos e eletrizantes

Em um dos meus primeiros vídeos, eu estava usando a fantasia da Frankie e imitava o jeito dela. Também gostava de ensinar outras crianças a fazer móveis para a casa das bonecas Monster High com material reciclado. Foi muito legal! Eu fiz vários vídeos assim no começo. Meu amor pelas Monster High é tanto que até criei uma frase para falar para os meus seguidores no final dos vídeos: "beijos monstruosos e eletrizantes para todos vocês!".

Quais são os seus canais preferidos no YouTube?

1) Nome: _____
Tema: _____

2) Nome: _____
Tema: _____

3) Nome: _____
Tema: _____

Ufa! Hoje escrevi bastante. Estava inspirada. Amanhã escrevo sobre a França. Foi bom, mas nem tudo são flores! :(

3 Na França

Querido diário, hoje é segunda-feira! Um dos meus dias favoritos da semana. Preciso escrever rápido porque ainda hoje vou gravar um vídeo com os presentes que recebi de aniversário!

Fiquei pensando em contar aqui como foi na França. Morar lá por cinco meses me inspirou mesmo a fazer vídeos. Quando eu tinha 6 anos, meu pai foi trabalhar perto de Aix-en-Provence, uma cidade pequena no sul da França, perto de um lugar famoso chamado Marselha, mas bem longe de Paris.

Meu passatempo

Eu e minha mãe ficamos lá cinco meses. Lembro que, enquanto estava lá, eu achava muito chato ver televisão em francês. Eu não entendia nada. Nem uma palavrinha. Também não tinha amigos por lá para brincar todos os dias. Então, comecei a ver vídeos no YouTube. No início, eu só assistia a vídeos em português. Depois passei a procurar vídeos em inglês também.

Então, descobri alguns canais que falavam de bonecas. Esses canais só mostravam brinquedos novos, lançamentos, e eu ficava superansiosa vendo os brinquedos, desejando ter alguns deles. Até que eu descobri um canal muito legal chamado Flutterific, que foi um dos que me inspiraram a fazer meus próprios vídeos.

A dona do canal tinha 7 anos, quase a minha idade na época, e era dos Estados Unidos. Ela fazia vídeos de várias coisas. Tinha vlogs, reviews de brinquedos... Tudo que eu faço hoje, ela fazia. Eu fiquei muito triste quando ela parou de gravar vídeos. Eu queria ver como o canal dela estaria hoje. Ainda gosto de ver os vídeos antigos dela. Depois de ver vários vídeos do Flutterific, pedi para a minha mãe para fazermos algo parecido.

Saudades do meu país

Eu e minha mãe ficamos na França de outubro de 2011 a fevereiro de 2012. Meu pai ficou um pouco mais, trabalhando. Ele é engenheiro de testes em voo. Ele testa aviões, helicópteros, qualquer coisa que voa. Eu acho bem legal o trabalho dele! Por isso que fomos para a França! Ficamos num apartamento perto do escritório da empresa. Enquanto estava na França, eu sentia muita saudade do Brasil.

Ciumenta, eu?

Ainda na França, descobri que minha tia Patrícia, de São José dos Campos, estava grávida! Ela é irmã do meu pai. Eu sempre gostei muito da minha tia e pensava que ela não iria me dar o mesmo carinho depois que tivesse um bebê. Eu lembro que eu fiquei meio brava. E também estava triste porque eu, minha mãe e meu pai estávamos longe.

Lembro que fiquei chateada, porque os médicos achavam que ela teria um menino. Eu olhava vestidinhos e sapatinhos lindos nas vitrines das lojas e imaginava que seria muito legal se fosse menina. Depois de um tempo, descobrimos que era menina, e eu fiquei bem feliz! Amei! Até tentei voltar numa loja para comprar um vestido que eu tinha amado, mas não tinham mais. Minha priminha se chamaria Luiza. Fiquei muito feliz em saber que seria uma homenagem à minha bisavó, que era também minha madrinha de batismo.

Você já sentiu ciúmes de alguém? De quem? Por quê?

_____
_____
_____.

Sem amigos e sem entender francês

Na França, eu quase não tinha amigos que falavam português. Às vezes eu tentava me enturmar e fazer amigos no parquinho, mas não conseguíamos nos entender. Nem minha mãe falava francês. Meu pai sabe francês, mas ele estava sempre trabalhando. O que ajudava era brincar com crianças que também eram filhos de brasileiros que estavam trabalhando por lá. Eu me lembro de uma amiguinha chamada Bia, mas logo ela foi embora. Também tinha o Pedrinho, de 3 anos, nós íamos juntos para o parque. Meses depois, encontrei o Matheus, que era meu amigo da escola em São José dos Campos. Nossos pais trabalhavam na mesma empresa. Era raro encontrar meninas da minha idade. Então eu brincava de boneca em casa mesmo e também fazia vídeos para minha família.

Se você estivesse em meu lugar, o que faria para fazer novas amizades?

_____
_____
_____
_____
_____

Esse será um segredo nosso!

Primeiro vídeo público

Uma vez, eu pedi para a minha mãe gravar uma brincadeira minha e, pela primeira vez, colocamos um vídeo público na internet. Coloquei uma música e comecei a fingir que eu estava cantando. Foi divertido. Minha mãe achou engraçado também e subiu o vídeo. Em um dia, tivemos 19 mil acessos. Inacreditável. A única coisa chata foi ver que muita gente também começou a falar mal do vídeo. :(

Mas foi muito engraçado. Eu só estava brincando e me divertindo. Estava até sem o dente da frente. Vai ver que foi por isso que o pessoal achou engraçado e o vídeo foi bem acessado. Só que depois ficou chato ver tantas críticas. Até assustou a gente. Então, minha mãe decidiu que o vídeo voltaria a ser privado. Só para minha família mesmo. Agora, só quem tem o link pode ver.

De volta ao Brasil :D

Eu e minha mãe voltamos para o Brasil em fevereiro. Foi difícil dar tchau para o meu pai. Ainda mais porque ele iria ficar um tempão sozinho e eu sabia como era isso. Também precisávamos voltar antes para São José dos Campos para preparar nossa segunda mudança. Uma coisa boa foi voltar para a mesma escola e para a mesma sala. Eu fiquei bem feliz quando vi minhas amigas novamente. Principalmente a Camille, que era minha melhor amiga no primeiro ano. Eu não tinha celular, não conseguia falar com ela de longe. Então, acho que isso aumentou a saudade. Foi muito bom voltar para a mesma escola e já conhecer todo mundo!

Só que, logo depois, descobri que meu pai seria transferido novamente quando ele voltasse para o Brasil. Meu pai voltaria no final de março e teríamos que mudar para Itajubá. No final, ele voltou só em junho e eu pude estudar um semestre na minha antiga escola.

Mais uma mudança...

A felicidade com as amigas durou pouco. Eu sabia que logo depois da festa junina eu iria mudar de cidade outra vez. No dia da festa eu só queria ficar com a minha avó Cecília, porque eu sabia que iria ficar com muita saudade. Desta vez, não seriam só cinco meses de mudança. Iríamos nos mudar de verdade para Itajubá, em Minas Gerais, a três horas de distância de São José dos Campos. Sem data para voltar. Pensar nisso me dava tristeza e medo. Foi difícil fazer as malas, decidir o que eu queria levar. Eu iria sair do apartamento onde tinha passado minha vida toda. Seis anos!

Você já mudou de escola ou de cidade? Como foi?

_____

_____

Longe da minha tia e da minha priminha

A Luiza tinha acabado de nascer, e a minha tia saiu do hospital com ela no dia em que meu pai voltou da França. Nós morávamos no mesmo prédio, e eu até peguei a Lulu no colo no dia em que ela chegou! Ela é como uma irmãzinha para mim, é muito bonitinho ver a Lulu me imitando. Eu não queria ficar longe delas, por isso fiquei muito triste por ter que me mudar.

Triste e sozinha

Quinze dias depois da chegada da Lulu, nós nos mudamos. Eu estava de férias da escola e não conhecia ninguém. Eu estava solitária. Então, gravar vídeos me ajudava a não me sentir tão sozinha. Eu imaginava milhares de amigos do outro lado da tela!

Nossa, nem acredito que escrevi tudo isso num só dia. Relembrar tantas coisas me fez sentir um pouco triste de novo. Mas, pensando bem, também fico feliz. Foi isso que me motivou a fazer vídeos e ser quem eu sou hoje.

Outro dia, escrevo mais. Até breve, diário!

Você já passou por um momento difícil que no final ajudou você a fazer algo bom? O que aconteceu?

_____
_____
_____
_____.

4 Mudança de novo

Depois de alguns anos morando em Itajubá, vamos voltar a morar em São José dos Campos. Hoje, minha mãe e eu fomos visitar nosso apartamento novo. Estou tentando escolher como será meu quarto. Não vejo a hora, espero que dê tudo certo! Essa mudança me fez lembrar de algumas coisas...

Sobre a escola

Ainda me lembro dos meus primeiros dias na escola em Itajubá. Eu gosto bastante dessa cidade. Fiz muitas amizades! Lembro de quando fui para a escola para conhecer, ver como era. Não tinha ninguém estudando porque era férias. Eu só ficava imaginando se eu conseguiria me enturmar. Até então, eu nunca tinha mudado de escola, só de período mesmo. Nos primeiros dias em Itajubá, eu não tinha nenhum amigo. Além disso, estava triste, com saudade dos meus parentes e amigos de São José dos Campos. Os vídeos me ajudaram a fazer amigos virtuais e muitos se tornaram grandes amigos!

Não lembro de muita coisa do meu primeiro dia de aula em Itajubá. Só lembro que tinha uma menina na minha sala que, logo de cara, ficou com raiva de mim. Não gosto nem de lembrar do nome dela. Ela me chamou de metida, sem me conhecer. Já era difícil mudar de cidade e de escola, e ainda tinha isso para me perturbar...

Metida, eu?

Eu lembro que um dia eu estava no banheiro e fui cercada pela menina que não gostava de mim e por duas amigas dela. Elas começaram a me chamar de metida. Parecia um seriado americano. No fim, essa menina brigou com todo mundo e falou que ninguém poderia ser meu amigo. Ninguém, ninguém mesmo. Ela disse que a escola seria melhor sem mim. Eu me senti péssima. :(

Para piorar, nesse mesmo dia, eu resolvi passar um lápis de olho cor-de-rosa que eu tinha levado na mochila. Eu sempre amei maquiagem. Quando voltei para a sala e contei a história para a professora, ela achou que elas tinham me batido, mas não foi nada disso. Foi engraçado porque eu nem sabia usar lápis de olho e o meu olho ficou horrível. Quem sabe no futuro eu seja maquiadora de filme de terror!

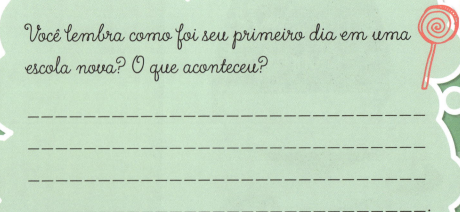

Você lembra como foi seu primeiro dia em uma escola nova? O que aconteceu?

_____

_____

_____

_____.

Como superei essa situação

Naquele dia, cheguei em casa muito triste e pedi para minha mãe escrever uma música, para ver se eu me sentia melhor. Eu ditei e ela escreveu. Isso aliviou o que eu estava sentindo. Com o tempo, eu aprendi a lidar com isso. Mudei de sala por causa da menina, e foi ótimo! Fiz novos amigos, e até as professoras e a coordenadora me ajudaram! Eles falaram do meu caso no projeto Papo Legal, uma conversa com alunos e professores para falar sobre bullying.

Quando você está triste, o que faz para se sentir melhor?

_____
_____
_____.

Ah, que tal escrever aqui uma letra de música que faz você feliz?

_____
_____
_____.

35

Minha primeira amiga em Itajubá

Nos primeiros dias de aula em Itajubá, eu conheci a Gabi Almeida. Eu estava brincando de esconde-esconde e ela estava sozinha. De repente, ela correu para perto de mim e me perguntou: "Você tem o álbum da MH? Porque eu tenho e não tem ninguém para trocar figurinhas comigo". Eu não tinha o álbum. Como eu poderia ficar sem o álbum das Monster High? Minhas personagens favoritas! Logo pedi para minha mãe comprar.

Então, trocamos figurinhas e viramos amigas. Somos amigas até hoje! Ela me deu de presente um livro chamado *Jardim dos Contos*, das Ever After High, outras personagens que amo! Falei do livro num vídeo e todos adoraram! No ano seguinte, mudei de sala e fui para a sala dela! A Gabi Almeida é mais alta e seis meses mais velha que eu. Ela faz aniversário perto do Natal. Nos três anos que morei em Itajubá, ela foi a única amiga que viajou para São José dos Campos no meu aniversário.

Você tem algum amigo especial na escola? Como se conheceram? Conte também por que ele é especial.
_____
_____
_____
_____.

Quando fui reconhecida

Na escola em Itajubá, ninguém sabia sobre o meu canal no YouTube. Depois de um tempo, algumas crianças descobriram e a notícia foi se espalhando na escola. Participei do programa *Encontro com Fátima Bernardes*, da Globo, e, no dia seguinte na escola, todos foram me abraçar e perguntar se era eu que tinha aparecido na TV. Todos pareciam felizes por ter me visto.

Por hoje é só!
Beijos monstruosos e eletrizantes!
Julia

5 Aniversário e coisas novas

Meu aniversário de 10 anos

Olá, diário! Eu fiz um vídeo sobre todos os presentes que recebi de aniversário de 10 anos! Tem tanta coisa legal! Meu aniversário foi bem tranquilo. Ganhei um bolinho surpresa enquanto estava gravando com alguns amigos youtubers. Mais tarde, também saí para jantar com minha família em São José dos Campos e ganhei outro bolo! Mas a surpresa mais legal foi o vídeo que minha mãe editou do meu aniversário. Vários amigos meus do YouTube fizeram questão de me dar parabéns! Conheci todos eles por causa do canal e com o tempo nos conhecemos pessoalmente. E a amizade só cresceu. É muito legal isso! Adoro comemorar meu aniversário, é meu dia favorito do ano!

As minhas festas

Meu aniversário de 8 anos foi inesquecível! Foi minha primeira festa em bufê, e teve uma superprodução! Claro que o tema foi Monster High: Férias em Scaris (é uma brincadeira com a cidade de Paris na versão das vampiras). Eu fiz até um vídeo sobre a festa. Mostrei todos os detalhes da decoração e das minhas roupas. Nessa época, eu já estava com muitas visualizações, e meus amigos da internet estavam curiosos para saber mais!

Veja como foi a festa:

Festinha especial

Ah, também me lembro do meu aniversário de 6 anos. Eu me vesti de pequena sereia e até coloquei uma peruca vermelha. Foi inesquecível!

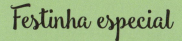

Nunca é tarde para brincar!

Eu dou muita risada quando vejo meus vídeos do passado. Eu falava de um jeito estranho. Fui melhorando com o tempo. Muita gente me perguntava se eu era um robô! Até fiz um vídeo falando "eu sou um robô" e comecei a cantar como um robô. E por falar em cantar, eu amo cantar! No dia do meu aniversário, eu sempre acordo cantando minhas músicas favoritas! Hoje, a principal mensagem que eu tento transmitir é "nunca é tarde para brincar". Quero passar sempre uma palavra de esperança, de paz, porque na vida a gente tem que pensar em coisas boas. E as crianças precisam ser crianças.

Algumas meninas da minha idade acham que são velhas demais para brincar. Já recebi até mensagens de meninas me criticando só porque eu gostava de brincar.

Mas nunca é tarde para brincar! Amo brinquedos, bonecas, jogos, desafios, tudo! Acho que nunca vou parar de brincar! Todos os meus vídeos são como uma brincadeira. Eu começo a brincar, tenho uma ideia legal e gravo. Por falar nisso... já sei! Vou mostrar minha coleção de borrachinhas no próximo vídeo! Eu coleciono borrachinhas e, desde que comecei a fazer vídeos sobre elas, os fãs também me dão várias de presente. Eu amo muito!

Você também coleciona alguma coisa?
_____
_____.

Do que você gosta de brincar?
_____
_____.

Querido diário...

Hoje voltei para a escola. É legal contar para os meus amigos todas as coisas divertidas que acontecem comigo. Nem todos gostam, mas meus verdadeiros amigos com certeza ficam felizes por mim! Eu não quero parecer melhor do que ninguém. Muitas coisas boas estão acontecendo na minha vida, mas só falo sobre isso quando me perguntam. Eu percebi que alguns colegas se aproximaram mais de mim depois que comecei a participar de programas de TV. Mas as meninas mais próximas já eram minhas amigas antes mesmo de meu canal ser conhecido.

Escola nova, de novo!

No ano que vem, vou mudar de escola de novo. Vamos voltar para São José dos Campos. Espero que eu mantenha contato com todas as minhas amigas, principalmente a Gabi Almeida. Pensar em mudar de escola dá um pouco de medo. Por outro lado, vai tornar a nossa vida mais fácil. São José dos Campos é mais perto de São Paulo, e todas as emissoras, empresas e a maior parte dos compromissos que tenho por causa do canal estão por lá. Morando em Itajubá, teríamos que esperar meu pai ter folga no trabalho para nos levar ou ir um dia antes e dormir em São José.

Ai, meu quarto novo! :)

Nas últimas semanas, eu pensei muito em como seria meu quarto novo em São José. Eu tinha imaginado mil coisas, mas aí minha mãe me levou até a loja de móveis planejados e o decorador pediu para eu escolher um tema para inspirar tudo. Na hora eu disse: cinema! Então é isso, meu quarto novo será inspirado em cinema. Ficou tudo pronto esse mês, mas a mudança mesmo só vai acontecer no ano que vem.

Eu até gravei um vídeo falando sobre todos os detalhes do quarto. Estou amando! Espero que todo mundo goste! Aliás, fiquei sabendo que meu pai pode ir para a França novamente. Ai, que medo! Mas parece que eu e minha mãe vamos ficar lá um tempo com ele. Então vai ser bem divertido!

Também estou me preparando para alcançar uma nova marca no meu canal do YouTube: 500 mil inscritos! Uau! Tomara que seja ainda esse mês!

Estou indo! Ainda tenho lição de casa pra fazer...

Conheça meu quarto novo:

6 Minha família

Dia dos Pais

Olá, diário! Acabei de acordar, vou escrever aqui rapidinho. Essa semana com as aulas, nem consegui parar para escrever direito. Hoje é Dia dos Pais! Ontem eu até fui ao shopping comprar um presente bem legal para ele. Não sei se já escrevi aqui, mas meu pai se chama Dreyfus Silva. Meu avô Osman se inspirou num livro francês para escolher esse nome. Agora preciso fazer uma carta para meu pai. Tenho muita coisa para escrever, ele é tudo para mim! Depois, vamos almoçar com a família. Eu gosto de comemorar datas assim. Eu amo comemorar tudo!

Tag pai e filha

Ontem, gravamos a tag pai e filha, especial de Dia dos Pais. Basicamente meu pai teve que responder perguntas sobre mim. Foi bem engraçado e ele sabia tudo! Tags são vídeos de perguntas. Todos no YouTube fazem o mesmo formato de vídeo. Às vezes eu faço algumas tags. No vídeo, ele revelou que se meu nome não fosse Julia, ele me chamaria de Vivarina. Já pensou?

Acho legal ouvir meu pai falando que eu levo alegria para as crianças. Ele me considera uma pioneira no YouTube, porque eu fui uma das primeiras crianças do Brasil a ter o próprio canal. Tudo o que faço só é possível graças aos meus pais. Já que é Dia dos Pais e pai e mãe são pais, também posso incluir minha mãe nisso. Até me emociono de pensar!

Assista à tag pai e filha:

Um pouquinho sobre meus pais

Eu me sinto uma menina abençoada, tenho uma família maravilhosa que me apoia em tudo. Dizem que meu pai tem cara de sério, mas só parece. Ele é bem brincalhão. Até tem ideias de vídeos para fazermos juntos. Nessas férias fizemos dez desafios juntos e eu ganhei. Ele até me maquiou! Coitadinho, nem sabe o que é BB Cream. Foi muito engraçado esse dia! Minha mãe está comigo o tempo todo. A única diferença é que ela é tímida demais para aparecer nos vídeos. Muitas crianças pedem, mas ela ainda não quis fazer nenhum desafio. Ela é tímida e eu sou desinibida. Ah, nem sei se está certa essa palavra, acho que sim. Gosto de usar palavras diferentes. Eu amo meus pais, mais que tudo!

Meus pais, eu e meu avô materno

Meus avós paternos

Meus avós

Já falei dos meu pais, agora vou escrever sobre os pais deles. Infelizmente, os pais da minha mãe já são falecidos. Meu avô Paulo, pai da minha mãe, sempre sonhou em me ver na televisão. Eu ainda estou tentando! Os pais do meu pai moram em São José dos Campos e estão sempre comigo. Mesmo morando em Itajubá, nós vamos sempre para São José. É estranho pensar que o plural de pai e mãe é pais, mas o plural de avô e avó é avós. Adoro essas regrinhas de português. Minha avó Cecília me apoia nos vídeos desde o começo também. Quem me acompanha há algum tempo até conhece minha avó. Até nos Encontrinhos os fãs pedem para tirar fotos com ela. O meu avô Osman também aparece em alguns vídeos, principalmente os que mostram a família toda de férias. Ele é mais sério e minha avó é mais comunicativa. Ela conhece todo mundo em São José dos Campos. Por exemplo, quando vamos ao shopping, passamos em várias lojas só para cumprimentar as amigas dela.

47

Toda a minha família

Essa é minha família por parte de pai

O legal é que essa minha história com o YouTube envolve toda minha família. Minha priminha Lulu tem 3 anos de idade. Eu fiquei falando para a minha tia fazer um canal para ela, até que depois de uns meses deu certo! Nós gravamos várias brincadeiras para publicar no canal da Lulu! Quando ela tiver 10 anos, já terá 7 anos de vídeos. Vai ser um sucesso!

Também tenho um priminho, o Caduzinho, que mora em Recife. Ele é filho da minha tia Juliana, irmã da minha mãe. Ele é muito comunicativo. Canais de meninos são raros. Não sei por quê. Eu também o incentivei a ter um canal e fazer brincadeiras e desafios! Então, quando estamos de férias e nossas famílias se reúnem, nós ficamos pensando em vários desafios para fazer. É engraçado demais!

Cole aqui uma foto ou faça um desenho da sua família.

Nossa, comecei falando do meu pai e acabei escrevendo sobre toda a minha família. Às vezes eu sou assim: uma ideia leva a outra, e a outra...

Preciso ir! Feliz Dia dos Pais! Desejo que todas as crianças do Brasil e do mundo tenham um lindo dia!

7   *Eu na TV*

Indo para São Paulo: RedeTV

Olá, diário! Eu trouxe você no carro comigo enquanto vamos para São Paulo. Hoje vou participar de um programa de TV. Que emoção! Eu tento me controlar para não ficar nervosa. Meu sonho é trabalhar na TV, então quando me chamam para entrevistas, eu sempre imagino como será quando eu for apresentadora ou repórter de TV.

Estamos indo para a RedeTV para participar do programa *Melhor Pra Você*. Até estou trazendo meu Boo de pelúcia. O Boo é o cachorrinho mais fofo do mundo! Ganhei de uma amiga que viajou para o Texas! Ele é igual ao Paçoca, o cachorrinho do Celso Zucatelli, apresentador do programa. Espero que eu consiga tirar fotos dos dois juntos. Seria demais!

Bom, depois escrevo mais. Já que faltei na escola para ir ao programa, vou fazer alguns exercícios. Minha mãe achou que não tinha problema se eu perdesse um dia de aula porque é começo do semestre. É ela quem coordena toda minha agenda. Eu sei que ela tem recebido e-mails de empresas com coisas legais para o futuro, mas nem tudo ela me conta, para eu não criar expectativas e depois não acontecer. Melhor assim! Depois eu conto como foi no programa!

Eu e os apresentadores Celso Zucatelli, Mariana Leão e Edu Guedes

Em qual programa de televisão você gostaria de aparecer? Por quê?

_____
_____
_____
_____.

Ao vivo!

● **REC**

O dia hoje foi incrível! É muito legal estar na TV. É diferente de tudo. O cenário é incrível! Participar do programa foi muito legal, eu falei um pouco sobre o meu canal e também sobre um assunto que adoro: moda.

Acho que os apresentadores gostaram de mim. O Edu Guedes até tentou me ensinar uma receita de nhoc (sei lá como escreve isso). A Mariana Leão gostou do meu look. Eu até falei como eu amo vestidos e saias. Achei legal que eles gostaram quando falei que eu quero aproveitar minha infância, porque tem muita criança que quer ser adulto antes do tempo.

Eles também me mostraram uns looks para eu comentar. Eles mostraram fotos da Paula Fernandes, Sabrina Sato e Anitta. Quanta responsabilidade. Elas estavam com looks muito legais, mas nem todos eram para criança.

No fim, eu levei o Boo, mas o Paçoca não foi. O Zucatelli ficou de me chamar outra vez para fazermos o encontro dos dois!

Aproveitei e fiz um vlog sobre isso (vlogs são vídeos que você faz de você mesmo e mostra como foi seu dia). Assim contei para os fãs como foi lá no programa. Afinal, se me chamam para participar do programa é porque eles acham legal eu ser criança e ter muitos seguidores.

Veja o vlog:

Se você fosse fazer um vlog hoje, sobre o que ele seria?

_____
_____
_____
_____.

Você também gosta de moda? Qual é o seu look preferido?

_____
_____
_____.

Relembrando meus momentos na TV

Encontro com Fátima Bernardes

Antes de ir ao programa da Rede TV, eu também participei do programa *Encontro com Fátima Bernardes*, na TV Globo. Foi em abril de 2015. Lembro que era perto do feriado de Tiradentes. Eu mal pude acreditar quando minha mãe me contou que uma produtora tinha me convidado para ir lá. Ainda bem que conseguimos uma data boa. Quando tenho compromissos assim, nós precisamos nos organizar com a escola. Tenho que estudar em casa todas as matérias perdidas. Dependendo do compromisso, meu pai tenta ir junto. Nesse caso, era feriado e tudo deu certo!

Para ir até a Rede Globo, nós saímos de casa no dia anterior, viajamos de Itajubá para São José dos Campos e depois para o aeroporto de Guarulhos. Pegamos um avião até o Rio de Janeiro, porque o programa da Fátima é gravado lá. Só de fazer esse percurso, eu já estava emocionada, com o coração saindo pela boca. Eu cantava alto. Quando estou muito feliz, eu canto! Até invento músicas! Quando tenho eventos importantes, faço questão de fazer um vlog. É um jeito de agradecer a todos que me seguem e assistem aos meus vídeos. Sem eles, nada disso aconteceria.

Absolutamente tudo!

É claro que na noite do programa eu dormi muito mal. Como eu podia dormir sabendo que no outro dia eu estaria na Globo? Para quem sonha em trabalhar na TV como eu, isso é absolutamente tudo! No outro dia, acordei bem cedo e nem consegui comer muito no café da manhã. Minha mãe até levou umas bolachas na bolsa porque sabia que eu iria ficar com fome depois. Acredita que eu entrei no Projac? Esse é o nome dos estúdios da Globo. Até andei naqueles carrinhos de golfe como se fosse superfamosa! Vi por fora os estúdios das novelas e de vários programas. Foi um dia inesquecível! Todos foram muito atenciosos. O programa foi muito legal, a Fátima é muito linda e uma grande apresentadora.

Encontrei a Fátima Bernardes! :)

Um pouquinho mais de moda

Lá no programa, o tema foi moda e estilo. Imagina a responsabilidade de comentar as peças que a Sophia Abrahão levou! Ela é muito, mas muito estilosa. É atriz, cantora e superligada à moda. Simplesmente tudo o que eu quero ser um dia. No final, foi legal porque nossos estilos combinam! Nós adoramos saias e vestidos! Na hora eu não sei o que me deu, mas acabei falando que recebo comentários maldosos de pessoas que não querem que eu brinque de bonecas. No fim, descobri que a Sophia Abrahão também sofre com isso. Ela até me deu um conselho para eu não me abater pela maldade dos outros. Ela disse que para estar na internet é preciso ser forte. Até a psicóloga Viviane Mosé comentou sobre o assunto e meus pais também falaram. É uma parte difícil da internet, mas tudo bem. Eu aprendi a lidar com isso e meus pais sempre me ajudam.

Cada segundo valeu a pena

Acho que a Fátima Bernardes gostou de mim! Eu disse que não gosto de usar salto, porque acho que não combina com a minha idade, e que quero brincar e aproveitar minha infância. Ela me disse que eu estou certa. Depois que a conheci, minha admiração por ela aumentou ainda mais. Minha participação foi bem rápida, mas cada segundo valeu a pena. Eu aprendi muito lá, vendo tudo de perto. Nem sei como consegui falar bem e me despedir do programa com a minha frase. Eu olhei bem para a câmera e falei: "Então, pessoal, foi isso! Espero que vocês tenham gostado! Beijos monstruosos e eletrizantes para todos vocês! Tchau e até o próximo vídeo!". Ahhhhh, inesquecível! :)

Acompanhe esse momento incrível:

Qual é a pessoa que você mais admira no mundo? Escreva um pouco sobre ela.

_____
_____
_____
_____.

Roberto Justus

Eu também participei do programa *Roberto Justus +*. Outras três crianças foram convidadas, e nós falamos sobre nossa infância. Acho estranho quando adultos perguntam isso. É diferente para os adultos ver que nós, que nascemos com internet, já temos celulares, tablets, computadores. Imagina se o Roberto Justus soubesse que às vezes eu mesma gravo, edito e coloco os vídeos na internet. Claro que minha mãe sempre me ajuda com tudo isso, mas eu também já sei fazer sozinha. Tem tantos aplicativos legais!

Quais são seus aplicativos preferidos?

_____
_____
_____.

Entrevista

Também participei de uma reportagem para a Rede Record, com a jornalista Paula Moraes. Na reportagem, eles mostraram meu canal do YouTube. Eles acharam legal saber que já bati a marca de 80 milhões de visualizações. Uau! Nem eu acredito! Gostei muito de como a repórter contou minha história. Alguns jornalistas não entendem muito o fato de crianças terem um canal só delas na internet. Paciência, né?

A repórter da Record me encontrou num hotel em São Paulo e perguntou se eu podia levar minha boneca Charlie, uma Baby Alive que participa dos meus vídeos. Eles também acompanharam meu dia no primeiro Encontrinho de Youtubers Mirins. Esse dia foi inesquecível também!

Ah! Quando escrevo, eu lembro tudo de novo e me dá muita emoção. Sinto que a cada dia estou mais perto do meu sonho! Por isso eu penso que preciso ser cada vez melhor. Ter ideias legais de vídeos, estudar muito e ir bem na escola, fazer aulas de teatro, de canto, tudo!

E você, o que faz para estar cada vez mais perto dos seus sonhos?

_____

_____

_____.

8 500 mil inscritos!

Olá, diário! Pode ficar feliz por mim! Aliás, eu já sei que você está! Meu canal no YouTube já tem 500 mil inscritos! Você tem noção disso? São 500 mil crianças inscritas no meu canal! Uma loucura! Quero gritar bem alto: "meu canal tem 500 mil inscritos". Sei que falta muito tempo, mas quem sabe um dia eu chegue a 1 milhão de amigos! Estou explodindo de felicidade! Até fiz um vídeo para agradecer a todas as crianças que me seguem.

Veja o vídeo:

Parece um sonho!

Vários amigos YouTubers fizeram um vídeo me parabenizando. Fico muito feliz com tudo! Eu fui uma das primeiras crianças a ter canal no YouTube Brasil. Eu queria brincar e mostrar minhas brincadeiras com bonecas e fazer amigos! Parece um sonho! Eu me sinto feliz em poder levar alegria para as crianças. Gosto de saber que os vídeos inspiraram outras crianças a ter um canal no YouTube também. Adorei as mensagens de parabéns!

Para quem tem canal no YouTube, chegar a 500 mil inscritos é uma conquista muito especial!

Qual foi a sua maior conquista? Como você se sentiu?

_____
_____
_____
_____
_____
_____.

Presente do YouTube

Em 2014, meu canal chegou a 100 mil inscritos. Quando isso acontece, o YouTube manda uma plaquinha prateada parabenizando o usuário! Quando ganhei a plaquinha, eu já tinha o canal fazia dois anos. Depois dos 100 mil, acho que o número foi crescendo mais rápido.

Eu tenho mais visualizações que outras famosas com mais de 1 milhão de seguidores, mas nem todas as crianças têm e-mail ou conta no YouTube. Então, elas não conseguem curtir, comentar nem seguir o canal para ver os próximos vídeos.

Uau!

Nem acredito! 500 mil é cinco vezes o número de moradores de Itajubá! É quase a população de São José dos Campos! É inacreditável! Comecei a fazer vídeos para me divertir e me divirto até hoje! E o melhor: tenho 500 mil amigos! Demorei seis meses para conseguir mil seguidores. Eu descobri que meu canal estava fazendo sucesso quando recebi a primeira homenagem, feita pela Suelen High, uma das minhas primeiras amigas do YouTube. Ela, que se chama Suelen Alves, fez um fã-clube para mim! Ela pegou várias fotos minhas e fez um vídeo. Fiquei tão emocionada! Até conheci a Suelen pessoalmente. Ela chorou e eu também. Foi no Encontrinho, no Shopping Villa Lobos, em São Paulo.

Também tem a Leticia Ribas, minha fã e amiga, que participa de todos os Encontrinhos em São Paulo, e a Érika, conhecida como Draculaura Mendes. Elas me acompanham desde quando eu tinha menos de mil inscritos. Até trocamos mensagens pelo celular. Acho que, quando eu chegar a 1 milhão, poderei fazer uma festa de verdade. Eu vi que vários canais estão fazendo isso. Mas nenhum desses canais é para criança. Então posso ser a primeira criança a fazer uma festa para celebrar 1 milhão de amigos. Será? Ainda tenho tempo para pensar nisso!

Você também gosta de comemorar as coisas boas com os seus amigos? O que vocês fazem?

_____

_____.

Linha do tempo de inscritos

2012

JUNHO — Primeiro vídeo do canal

2013

JANEIRO — Mil inscritos! Que demais!

ABRIL — 5 mil inscritos! 1 milhão de visualizações! Incrível!

MAIO — 10 mil inscritos!

2014

JANEIRO — 50 mil. Amei!

MAIO — 70 mil inscritos!

AGOSTO — 100 mil inscritos! A plaquinha do YouTube chegou! (meses depois, mas chegou!)

???
1 milhão!

AGOSTO
500 K!!!

JUNHO
400 K!

2015

ABRIL
300 K!

JANEIRO
200 K!

"K" é uma gíria de internet. Pesquisei e descobri que K é kilo (quilo em grego) e significa 1.000. Em português, falamos quilogramas (mil gramas) e quilômetros (mil metros).

9 Meu outro canal e as novelinhas

Dlog?

Olá, diário! Eu tenho o costume de fazer vlogs no meu canal para mostrar como foi meu dia. Vlog significa vídeo + blog. Como será que posso chamar quando conto meu dia no diário? Um "dlog"? Pode ser. Sei lá! Rsrsrsrs

A Independência do meu país e a minha

Então, hoje é 7 de setembro, Dia da Independência do Brasil. Na escola, fizemos vários trabalhos sobre isso. Hoje, eu também comemoro um ano do meu segundo canal, o "Julia Silva TV"! Lembro que o primeiro vídeo que eu postei lá foi de um robô que eu e meu pai fizemos para um projeto de ciências.

Veja o nosso robô:

Falando em independência, posso até considerar que também tenho um "Dia da Independência da Julia Silva"! Fizemos esse segundo canal só por segurança. Já pensou se eu perdesse tudo depois de dois anos de trabalho? Fiquei com muito medo! Acho que as crianças que me acompanham também ficariam, então nem contei nada disso nos vídeos.

Você já ficou com muito medo? Do quê?

_____
_____
_____
_____
_____

O que aconteceu...

Foi assim: uma fã me mandou um link com um vídeo meu. Só que ele estava com a voz de outra criança e num idioma que eu nem conheço. No começo, minha mãe e eu até achamos que era brincadeira. Então a gente descobriu que essa menina era do Iraque. Ela colocava legenda e até a voz dela nos meus vídeos! Ela já tentou até me mandar algumas mensagens. Ela deve ter usado o tradutor automático porque eu não entendia direito o que ela queria dizer. Minha família, eu e meus amigos ficamos em choque.

Como isso poderia acontecer? No YouTube existem várias regras a serem respeitadas. Ter alguém postando meus vídeos na internet é pirataria. Demoramos um tempo para mostrar para o YouTube que os vídeos eram meus e que a menina estava copiando, e não a gente.

Nós tentamos nos aproximar dela. Até pedimos para ela retirar os vídeos e parar com isso. Às vezes acho que ela era meio fanática. Depois de um tempo, uma amiga minha conseguiu explicar para ela que isso era errado. Ainda bem que a menina pediu desculpas e tudo acabou bem.

Sabe o que fizemos?

Contratamos o Guilherme Oliveira, da agência Mostre-se, que ficou responsável por encontrar e denunciar os fakes. Meu canal estava crescendo e tinha tantos fakes que eu poderia ter problemas. Ainda bem que agora estamos mais tranquilos. Não sei por que essas pessoas fazem maldades na internet. Elas poderiam usar a inteligência delas para o bem e ajudar os outros!

O que você faria para sair de uma situação parecida?

_____
_____
_____
_____
_____.

Dia de voltar para Itajubá

Depois de passar o feriado em São José dos Campos, chegou a hora de voltar para Itajubá. Eu sempre vou no banco de trás do carro com as minhas bonecas. Minha American Girl, a Sophie (Baby Reborn) e a Charlie (Baby Alive) estão sempre comigo.

São mais ou menos duas horas de viagem. Até que eu gosto de viajar de carro. Dá para ver as montanhas da janela. A natureza é muito bonita. Acho que nessas horas meu pensamento vai longe. Eu tenho várias ideias legais quando estou viajando.

Agora quero saber sobre você! Você gosta de viajar? O que faz para passar o tempo durante a viagem?

_____
_____
_____
_____
_____
_____
_____.

Minha novelinha: Laços de Sangue

No caminho para Itajubá, escrevi num caderno algumas ideias para os últimos capítulos da novelinha Laços de Sangue. Esse é um projeto recente que comecei nas férias. É bem trabalhoso. Tenho que pensar na história, pensar nas cenas com as bonecas, fazer o cenário e as falas. Depois, gravamos cena por cena e depois minha mãe edita. Até que está fazendo sucesso, o primeiro vídeo já teve umas 50 mil visualizações. Acho que é uma nova moda na internet.

Laços de Sangue é uma história de amor entre Liza e Romeu. Tem uns desentendimentos no meio. Ainda estou pensando no melhor final. Fazer a novelinha é legal porque fazemos tudo com as bonecas. Uso as minhas bonecas da Barbie, Monster High e Ever After High, todos os cenários que tenho e até improviso alguns objetos. Eu adoro! :D

Assista à novelinha:

Você já escreveu novelinhas ou inventou alguma história bem divertida? Qual seria o nome da sua novelinha?

_____

_____.

10 Passeios + Dia das Crianças

YouTube Space

Querido diário, hoje o dia foi lindo! Fui visitar o YouTube Space. Meus amigos do canal Ticolicos me chamaram para gravar lá com eles. O grupo está lançando um personagem novo, o Ticochef. É bem fofo! O personagem principal é o Ludi. Ele é uma marionete, e o artista que dá vida para ele é o Leo. No canal também tem a Iza, o Bruno e outros amigos! Eles ensinam muitas coisas legais para crianças bem pequenas.

Veja a Sophia Santina, eu e o Ticochef:

O YouTube Space é um lugar que o YouTube abriu em São Paulo para dar espaço aos canais. Funciona em parceria com uma ONG. Lá tem estúdios de gravação com luz, som e câmeras de última geração. É um sonho para qualquer youtuber.

Eu amei conhecer o YouTube Space. Encontrei grandes amigos e fizemos vários vídeos juntos. Conversei com várias crianças que têm canal no YouTube. Foi muito divertido!

Qual foi o lugar mais legal que você já conheceu?

_____
_____
_____.

Show da Priscilla Alcantara!

Diário, você não vai acreditar aonde eu fui! No show da Priscilla Alcantara! Foi aqui em São José, durante a Expo Cristã. Ela é simplesmente linda e está bem diferente de quando apresentava o Bom Dia & Cia. A Priscilla trabalhou muito tempo no SBT, mas agora ela é adulta e trabalha mais como cantora. Ela canta e escreve músicas lindas!

Depois do show, eu passei rapidinho no camarim dela. Uma fofa! Quando eu estava indo embora, ela disse que iria escrever uma música para mim. Já pensou se der certo? Eu vou explodir de alegria!!!

Meu primeiro encontro com a Priscilla

A primeira vez que vi a Priscilla foi muito emocionante. Ela faz parte da mesma agência que administra o meu canal. Então, um dia, quando eu e minha mãe estávamos em uma reunião em São Paulo, o dono da agência preparou uma surpresa para mim e eu conheci a Priscilla Alcantara! Nem acreditei! Desde então, sempre nos falamos. É uma inspiração! Ela é muito talentosa! No dia em que nos conhecemos, não conseguimos gravar vídeo, só tiramos fotos. Mesmo assim, foi ótimo!

Você já conheceu ou sonha em conhecer alguma pessoa famosa? Quem?

_____

_____

_____

Reportagens

Eu e minha priminha Lulu vamos gravar uma reportagem de TV para o Dia das Crianças! O pessoal da Band de São Paulo nos convidou para participar de uma série de reportagens chamada Smart Kids. Vários canais vão participar. Nós vamos mostrar para eles como fazemos os vídeos.

Amanhã também vou receber uma equipe de reportagem aqui em casa. Eles são da EPTV, que é da Rede Globo de Campinas. Eles querem ver meu quarto novo e saber como faço vídeos. A Lulu, que é minha maior seguidora, também vai participar. Eu amo quando fazemos coisas juntas. O canal dela está crescendo bastante!

Veja mais sobre as reportagens!

Se você participasse de uma reportagem, o que gostaria de falar? Pode escolher vários assuntos!

_____
_____
_____

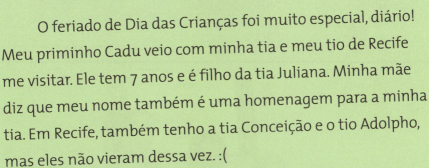

Feliz Dia das Crianças!

O feriado de Dia das Crianças foi muito especial, diário! Meu priminho Cadu veio com minha tia e meu tio de Recife me visitar. Ele tem 7 anos e é filho da tia Juliana. Minha mãe diz que meu nome também é uma homenagem para a minha tia. Em Recife, também tenho a tia Conceição e o tio Adolpho, mas eles não vieram dessa vez. :(

Eu e o Caduzinho brincamos muito juntos! Eu sempre me divirto com ele. Aproveitamos também para gravar alguns vídeos para os nossos canais. Esse feriado foi muito legal! :)

Você gosta de brincar com seus irmãos, primos e outros familiares? O que vocês fazem para se divertir?

_____
_____
_____
_____
_____
_____

Quase um encontrinho

Veja como foi:

Esses dias, o Felipe, o Caduzinho e eu fizemos alguns vídeos no shopping perto da minha casa. Lá tem um espaço legal para crianças, dá para brincar e gravar vídeos. Eu e o Caduzinho chegamos primeiro. Nossa ideia era fazer uma surpresa para o Felipe. Compramos bexigas, colamos algumas fotos dele e, para ficar ainda mais divertido, colocamos um bolo com uma vela número 100. Afinal, ele estava comemorando 100 mil inscritos no canal dele! Ele também ganhou uma plaquinha do YouTube! Nós postamos nas redes sociais que estaríamos lá. Alguns fãs apareceram, fizemos vídeos e foi bem legal, tipo um encontrinho!

Cartinhas e brinquedos

Já contei que sempre recebo muitas cartinhas e por isso abri uma caixa postal? É bem fácil, só ir até os Correios e pedir um número. Daí todo mundo encaminha as cartas para esse número. É bom porque não preciso mostrar meu endereço nos vídeos.
Toda semana vamos lá retirar as cartas e caixas que chegam. O Dia das Crianças está chegando, nunca recebi tantos brinquedos! As empresas de brinquedos também me mandam lançamentos. É legal porque eu sempre uso as coisas que gosto nos meus vídeos. :)

Visita incrível

Falando em brinquedos, uma vez eu visitei uma fábrica de brinquedos! Eles me convidaram para ir lá ver tudo! Meu canal estava quase decolando quando eles me chamaram. A Flávia Fernandes, que era assessora de imprensa lá, também ficou minha amiga. Ela me chama para eventos muito legais, até me ajudou a fazer o Encontrinho de Youtubers Mirins. O pessoal de lá é muito legal. Eles gostaram mesmo do YouTube depois de me conhecer. Até entrevistei o dono da empresa. Já pensou se um dia eu tiver minha própria empresa de brinquedos?

O que você gostaria de ganhar de Dia das Crianças? Qual foi o presente mais legal que você já recebeu?

_____

_____

Presentes!

Ganhei muitos presentes de Dia das Crianças! Minha avó me deu uma boneca Polly, minha mãe me deu uma Barbie Spa e meu pai me deu uma bonequinha que toma banho. Eu vi tudo e já pensei em fazer vídeos!

Ganhei também uma mochila de rodinha que eu queria muito! Escolhi a cor Ice Blue, um azul que parece fluorescente. Até comprei um estojo da mesma cor. Eu me apaixonei por esse azul! Acho que vou usar a mochila na escola e para viajar também. Ela tem espaço para tudo!

Meu feriado foi demais! Adorei!
Tchau, diário!

E você, qual é sua cor preferida? Você tem muitos objetos dessa cor?

_____
_____
_____.

11 Segredos e homenagem

Mais uma novidade!

Nem acredito! A minha marca favorita de sapatos me convidou para fazer parte da propaganda deles para o ano que vem. Eles também têm um canal no YouTube chamado Mundo da Menina. Todas as meninas da minha idade adoram! Eu já participei de um vídeo lá e amei! Nesse vídeo, eu falei sobre o meu canal.

Conheci algumas atrizes famosas durante a sessão: Lyvia Maschio, Nina Vangelino e Gabriella Saraivah! Aprendi muito fotografando com elas! Acho que meus fãs vão adorar as fotos.

Por enquanto, é segredo, mas as fotos vão ser usadas na propaganda e depois vão aparecer em revistas e jornais, talvez até nas lojas! Mal posso esperar para ver! Ainda vamos marcar um dia para gravar a propaganda. Eu amei, foi uma experiência maravilhosa!

Segredinhos

Essa propaganda fala sobre fazer o bem para vivermos em um mundo melhor. Cada uma de nós terá um personagem. Eu serei a roqueira! Não é muito meu estilo, mas é bem legal! Eu gostei muito, nem fiquei cansada depois de fotografar! A sessão durou dois dias. Nos intervalos, até dava tempo de brincar com as meninas. Nas fotos, eu provava os sapatos mais parecidos com o estilo roqueira.

Eles até me convidaram para ser uma das embaixadoras deles!

Ah, ainda tem um último segredinho, diário! Eles me chamaram para fazer parte da quarta temporada do Mundo da Menina também! Que sonho!

Você gosta de tirar fotos? Qual é o seu estilo?

_____
_____.

Desenhe aqui os seus sapatos preferidos!

Capa de revista

Esse mês realizei mais um sonho! Fui capa de uma revista de Itajubá! Tudo graças aos fãs, aos meus pais e a Deus.

Eu até fiz um vídeo de agradecimento mostrando a revista. Eles usaram uma das minhas fotos favoritas na capa. :)

A montagem que eles fizeram com a foto ficou maravilhosa. Adorei! Há uns dois meses, minha mãe recebeu um e-mail com o convite para a matéria. Marcamos um horário com a repórter e fomos até o escritório da revista. O pessoal de lá me recebeu com tanto carinho. Fiquei muito feliz! Eu adorei a revista!

Amanhã tenho que fazer as malas! Nós vamos para Fortaleza no fim de semana conhecer um parque aquático!

Você já quis aparecer na capa de uma revista? Qual?

_____
_____.

Veja a revista:

Fortaleza

Descubra como foi o meu fim de semana:

Fiquei pouco tempo em Fortaleza. Lá tinha piscina e várias atividades, então eu nem consegui escrever. Mas não se preocupe, vou contar tudinho! Foi mágico! Fomos eu, minha mãe e meu pai. O pessoal do parque nos convidou para ir lá!

O legal é que eles também convidaram a Manu. Ela é uma das melhores amigas que eu fiz por causa do YouTube. Ela mora no Rio de Janeiro e tem um canal chamado Manoela Antelo. Ela foi com a mãe, o irmãozinho e o tio, que eu chamo de Bibit. Ele tem vários apelidos. Eu gosto de Bibit!

Três dias incríveis!

Lá no parque, havia vários personagens muito legais! Nós gravamos vídeos enquanto estávamos brincando. Logo na primeira manhã eu combinei com o Bibit de acordar a Manu. No dia seguinte, é claro, sobrou para mim. A Manu me acordou. Não sei por que levei um susto, eu já deveria ter imaginado, né? Foi um susto bom, engraçado. Acho que nunca apareci tão descabelada nos vídeos.

Você já levou um susto engraçado? Como foi o seu maior susto?

_____
_____
_____.

No parque aquático, tem várias coisas legais: piscina com onda, toboáguas, brinquedos e piscina de correnteza. Tudo perfeito para se divertir! Fiquei muito feliz em ter recebido esse convite. Ainda mais porque consegui encontrar uma amiga, e eu já estava com saudade dela! Foi incrível! Mal posso esperar para ver nossos vídeos!

Qual foi o passeio mais divertido que você já fez?

_____
_____
_____.

Uma homenagem!

Pela primeira vez, vou para a Câmara Municipal de Itajubá. É lá que os políticos fazem as leis. Eu nem sabia, mas eles vão me homenagear. Convidamos todo mundo da escola! :)

Depois eu conto mais!

Tchau!

Câmara Municipal

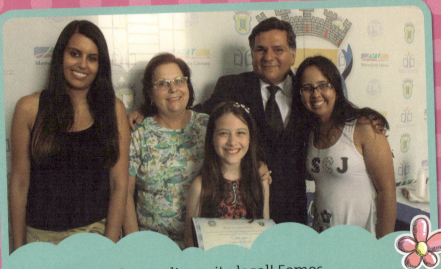

Ontem foi um dia muito legal! Fomos para a Câmara Municipal de Itajubá. Eu fui homenageada!

Foi uma moção de congratulação, que é uma homenagem que os vereadores fazem para pessoas de que se destacam de alguma forma (congratulação é o mesmo que parabéns).

Tive a honra de ser indicada pelo presidente da câmara dos vereadores para receber a homenagem, porque me destaquei como youtuber mirim. Fiquei muito feliz e emocionada! Meus pais, minha avó, todos os meus colegas de classe, minhas professoras e a diretora da minha escola também estavam lá para me prestigiar. Acho que eles nunca viram tantas crianças juntas lá.

Agradeço muito por tudo!

Só posso agradecer a todos os vereadores e funcionários que me recepcionaram na câmara com tanto carinho! Esse dia será inesquecível para mim! Quero também agradecer a todos que seguem o meu canal e sempre me incentivam a continuar postando vídeos, pois sem vocês nada disso seria possível. Sou muito grata e feliz por ter amigos tão carinhosos! :)

Também postei sobre isso no meu blog:

Conte sobre um dia que foi inesquecível para você.

_____
_____
_____
_____
_____
_____.

12 Os dois lados da fama

Comentários ruins :(

Diário, preciso desabafar. Depois que meu canal chegou a uns 50 mil inscritos, comecei a receber vários comentários de pessoas sem noção. É triste saber que alguém perde tempo produzindo alguma coisa para me atacar. Fizeram até uma colagem de mau gosto e me mandaram. Isso é conhecido como cyberbullying (bullying pela internet).

Eu fico imaginando, o que será que essas pessoas ganham com isso? Essa é a parte mais difícil de ter fama na internet. Ainda bem que a minha mãe revisa os comentários do canal antes de publicar. De qualquer forma, eu já aprendi a não ficar triste com essas coisas, mas é bem difícil.

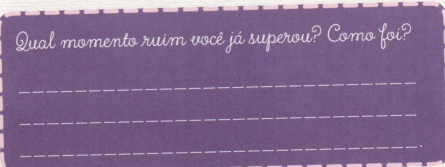

Qual momento ruim você já superou? Como foi?
_____
_____

Uma coisa boa!

Uma vez o Felipe Calixto e a Janine Vitória me defenderam de uma pessoa sem noção. A gente nem se conhecia direito, mas depois disso nos tornamos bem amigos. Percebi que eles sofriam com isso também. Eu e o Fef (esse é o apelido do Felipe) até fizemos vídeos sobre cyberbullying para mostrar para as outras crianças que podemos superar os momentos ruins. Todo mundo é perfeitamente imperfeito, assim como as Monster High! :)

Então é isso, diário! Nada de tristeza, temos muitas coisas boas para comemorar!

#MHChegaDeBullying

Participe você também da campanha contra o bullying!

Uma visita e tanto!

Fomos para São Paulo visitar o escritório do Google! Eu já tinha ido lá para alguns eventos, mas só dessa vez tive a chance de andar pelo prédio e ver tudo com detalhes.

Ah, o YouTube é do Google. Eles trabalham todos em um prédio enorme numa avenida grande e famosa de São Paulo.

Eu vi várias coisas legais lá. No Google, tem uma cozinha em formato de barraca de feira. Também tem o boneco do Android e bicicleta com as cores do Google! Tem muitos jovens trabalhando lá.

O Google tem uma equipe que ajuda as pessoas que têm canal no YouTube. Eles são muito legais! Dão dicas de como fazer meu canal crescer, como melhorar meus vídeos e muito mais. Aprendi bastante com eles.

As novelinhas e os desafios são vídeos com muitas visualizações! Que bom, porque eu me divirto fazendo vídeos assim!

Que tipo de vídeo você mais gosta de ver? Você já fez vídeos divertidos?

_____
_____
_____
_____
_____.

Livros

Será que meu dia pode ter umas 24 horas a mais? Tô precisando. Sério!

E pior que estou com vontade de ler uns livros que ganhei de uma editora. Estou lendo o diário de uma personagem chamada Pippa Morgan. Comecei lendo uma página para ver se gostava e já li quase tudo! Até postei no Instagram. Pelo menos assim os meus fãs vão entender por que não consigo postar todos os dias. E eu tento, hein?

O melhor é que a editora que nos enviou os livros convidou a gente para conhecer o escritório deles em São Paulo. Minha mãe está cuidando disso, mas já posso imaginar como vai ser quando eu escrever um livro. Ah, um livro! Eu escrevo várias histórias legais, talvez eu publique um dia!

Chega, se eu continuar escrevendo, não faço mais nada!
Beijo, diário!

Você gosta de ler? Quais são os seus livros preferidos?

_____
_____
_____.

Listinha de prioridades

- Tarefas da escola
- Curso de inglês
- Canal do YouTube
- Redes sociais
- Todas as outras coisas

Você já fez uma listinha de prioridades? Que tal escrever sua lista aqui?

1. _____
2. _____
3. _____
4. _____
5. _____

Dia de superstar

Diário, preciso escrever sobre a sessão de fotos com a Bruna Ricardo! Ela é fotógrafa e tem um canal no YouTube chamado Entrevista de Quarta, junto com a Gabi Motta. Eu adoro fotografar! Fazia um tempão que eu estava querendo uma sessão de fotos, então aproveitei e pedi de presente de aniversário para a minha mãe. É bom ter fotos para guardar de recordação! Aliás, eu já tinha feito duas sessões de fotos: uma ao ar livre com a Claudia, amiga da minha mãe, e a outra no estúdio, com o fotógrafo Anderson Ferreira. As fotos ficaram lindas também, mas como eu cresci mais um pouco, queria mais fotos! rsrsrs

Veja o making of do ensaio:

Tudo lindo! Amei!

Nós pensamos em vários figurinos, e a Bruna sugeriu um parque legal para fotografar. Tinha até um lago e pedras grandes que serviram de cenário. Foi bem lindo. O maquiador e cabeleireiro Ramon Amorim também me produziu. Amei! Marcamos bem cedo. Aprendi que de manhã a luz é boa para fotos! :)

13 Amigos e sonhos

Show da Maisa!!!

Oi, diário, tudo bem? Podemos voltar no tempo? Queria que ontem fosse um dia bem longo, mas passou tão rápido. Até demorei para dormir, de tanto pensar no que aconteceu. Eu decidi escrever porque, depois de um show tão lindo como o de ontem, dá até uma tristeza quando lembro que acabou. Fomos ao show da Maisa Silva! Ela se apresentou aqui em São José e me convidou para ir. Foi demais!

Eu sabia quase todas as músicas. Ela conversou bastante com o público, ela nasceu para encantar as pessoas! Eu sou fã da Maisa desde sempre!

Foi incrível! In-crí-vel!!!

Que tipo de música você gosta de ouvir? Você já foi a algum show?

_____
_____
_____.

Camarim

Antes do show, passamos no camarim para falar com ela. Nossa, eu me senti importante por ser convidada para ir ao camarim! Ela até gravou um vídeo para o meu canal e mandou beijo para os fãs.

Eu cantei tanto que até fiquei um pouco rouca. Enquanto esperava o show começar, encontrei alguns fãs do meu canal. É legal saber que tem fã da Maisa que também me acompanha.

Só de ficar perto da Maisa já sinto uma alegria imensa! Amei ter ido. É como diz o ditado: tudo que é bom dura pouco...

Descubra como foi:

Fã de carteirinha

Já que falei do show da Maisa, também vou falar do meu amor por ela! Nós já somos amigas, e eu sempre vou ser fã dela. O pessoal da agência nos apresentou faz um tempo. Ela é muito legal! :)

Acredita que ela já conhecia meu canal? Ela me disse que a priminha dela, a Sayuri, adora meus vídeos. Quase não acreditei!

Nós duas temos muita coisa em comum. As pessoas comentam que somos infantis. Ela tem 13 anos e falam para ela ser mais adulta. Eu tenho 10 e me falam para não brincar de bonecas. Eu, hein?

Outra coisa é que nós duas temos priminhas que se chamam Sayuri. A Lulu se chama Luiza Sayuri. Para completar, temos o mesmo sobrenome. Até me perguntaram se somos parentes! Ela se chama Maisa Silva e já morou em São José dos Campos. Eu sou Julia Silva e sou da mesma cidade. Mas não somos parentes, muita coincidência, não é?

Desafio com a Maisa

Um dia, eu fui fazer uma visita para a Maisa na casa dela, e nós gravamos o smoothie challenge. É um desafio bem legal: você coloca vários ingredientes no liquidificador (alguns são gostosos, outros são ruins) e depois tem que tomar! Eu não consegui tomar o meu porque tinha ovo e mostarda. Eca! :(Pelo menos, o vídeo ficou muito engraçado! Gravamos outras coisas também.

A Maisa também se animou com o canal dela e já tem mais seguidores que eu! Eu demorei uns dois anos para chegar aos 500 mil. Ela já é bem famosa e querida, então foi bem rápido!

Fico muito feliz de ser amiga dela. Eu me lembro de quando eu tinha uns três anos e ela já trabalhava na TV. Nós estudávamos na mesma escola! Eu tenho até uma foto com ela e a minha avó Cecília na festa junina.

Assista ao desafio:

Mais um sonho!

Preciso contar que realizei mais um sonho! Gravei um comercial com a Taciele Alcolea. Ela é linda e fofa demais! É uma inspiração para mim. Ela já é adulta, sabe muito de moda e faz várias coisas divertidas. Como estou feliz! :)

É a segunda vez que faço uma propaganda para a mesma empresa. Sinal de que eles gostaram de mim. Essa foi a primeira empresa que me convidou para fazer comercial!

Todas as pessoas da empresa são muito queridas. Eu até entrevistei uma pessoa de lá e postei no meu canal. Os cadernos que eles fazem são lindos. É até difícil escolher qual levar para a escola!

Você gostaria de participar de algum comercial? Do quê?

_____
_____
_____
_____

Luzes, câmera, ação!

A gravação do comercial foi bem rápida. Chegamos lá e o pessoal já estava todo preparado. Não tinha falas, então era só segurar o caderno de frente para a câmera e sorrir! Eu gravei alguns momentos sozinha e depois com a Taciele. :)

Aproveitei um minuto de pausa do pessoal e consegui até fazer um vlog. Foi o primeiro vlog desse tipo no meu canal. Mostrei bem rápido como era o estúdio, as telas verdes e até o giratório, que é um banquinho que gira enquanto a gente grava. Tinha aquelas câmeras enormes, muita iluminação, o diretor falava num microfone e dava para escutar bem alto. Ele era engraçado e dava as ordens para todas as pessoas!

Quando eu gravei no giratório com a Taciele, eu tive que ficar em cima de uma caixa. Ela é bem mais alta que eu!

Adorei conhecer a Taciele! Tivemos a chance de gravar um vídeo para o meu canal rapidinho. Uma fofa! Não vejo a hora de pedir para a minha mãe editar o vídeo. Todo mundo vai amar! A foto do Instagram já está fazendo o maior sucesso!

Ah, diário! Nesse dia, eu conheci a Bruna Viera, do blog Depois dos Quinze. Também me inspiro muito nela!

14 Paris e o ano novo

De volta à França!

Diário, fui para a França de novo! Foi demais! Dessa vez, ficamos bem pertinho de Paris e exploramos bastante a cidade! Conheci a Torre Eiffel, o Arco do Triunfo, o Rio Sena, a Avenida dos Champs-Elysées, o Louvre... Até participei de uma manifestação da Conferência Mundial do Clima!

Minha boina vermelha

Faz muito frio na França, por isso levei cachecóis, luvas e toucas na mala. O acessório que eu mais gostava de usar lá era a minha boina vermelha. Ela tem tudo a ver com o estilo da França. Às vezes, fico pensando se as pessoas de Paris achavam que eu era de lá. :D

Amigos em todo lugar

Acabei de chegar do shopping com a minha mãe. Estou gostando muito da França.

Hoje foi legal porque fiz novas amizades. No Brasil, sempre tem uma criança que me reconhece no shopping e diz que gosta do meu canal. Aqui na França basicamente ninguém me conhece. Mesmo assim, acho que eu atraio outras crianças. Hoje, tinha uma menininha linda perto de mim no shopping. Ela devia ter uns 4 anos e ficou olhando para mim. Então eu abri um sorriso e tentei brincar com ela. Nós nem falávamos a mesma língua, mas deu super certo! Ela nem queria ir embora depois. Muito fofa!

Sempre lembro de diversas situações como essa. Eu gosto de conversar com qualquer pessoa em qualquer lugar. Adoro conhecer gente nova!

Você conversa bastante com os outros ou prefere ficar no seu canto? Já fez amigos em lugares inusitados, tipo na fila do mercado, no ponto de ônibus, ou em restaurantes?

_____
_____.

Nem tudo são flores

Diário, às vezes é difícil ficar longe da família. Meu primo Arthur está com pneumonia. Até gravamos alguns vídeos para não pensarmos tanto nisso. Todos estamos rezando bastante por ele. Tenho fé e espero que ele fique bem logo.

Adeus, ano velho!

Hoje é o último dia do ano. Dá uma sensação estranha pensar que tanta coisa boa já passou e muita coisa legal está por vir! Se tudo que eu escrevo já se torna passado, vou escrever para mim mesma no futuro:

Oi, Julia! Sou você no passado! Acho que você não deve ter medo de nada! Só não esqueça que os momentos são únicos e você tem que aproveitar.

Que frase profunda. Na verdade, é um desabafo. Valeu, diário, por guardar todos os meus pensamentos sem filtros! :D

Que frase você escreveria para você ler no futuro?

_____
_____
_____
_____
_____ .

Feliz ano novo!

Eu amo celebrar o ano novo!

Com o frio que faz aqui na França, nada de roupas brancas e leves na festa, só casacos. É legal, bem diferente. Nós vamos fazer um jantar especial e ficaremos acordados durante a queima de fogos! Nada de mais. O que vale é a família unida, né?

O ano novo na França chega primeiro! Então é bom porque comemoro com meus pais e ainda depois ligamos para toda a família. Ainda bem que eu nasci na época da internet! Fica mais fácil de desejar um feliz ano novo para todos!

Desejos para o ano novo!

- Ser feliz
- Saúde para a minha família e os meus amigos
- Que meu priminho Arthur melhore
- Que todos sejam pessoas boas sempre
- Que eu goste da escola nova
- Chegar a 1 milhão de inscritos
- Fazer muitos amigos novos

Meu priminho

Olá, diário!

Eu sumi um pouco, mas você não perdeu muita coisa. Meu priminho Arthur estava bem doentinho, com pneumonia. Ele está melhor agora, ainda bem! Um alívio para toda a família.

O Arthur é uma criança especial. Ele tem uma síndrome genética e por isso não fala. Apesar de qualquer coisa, meu priminho é uma criança feliz. Ele me inspira a dar valor à vida! Fico feliz em saber que posso transmitir felicidade a ele com meus vídeos! O Arthur mora em Recife e eu em São José, então não é sempre que nos vemos. Mas sempre nos damos muito bem!

Fã-clubes!

Hoje acordei com uma homenagem de um dos meus fã-clubes, o Julia Flawless. Tive que procurar no Google o significado dessa palavra. Flawless quer dizer sem falhas, perfeita! Dá para acreditar? Fico feliz e agradeço às pessoas que me fazem homenagens assim. Elas postam fotos minhas e às vezes me surpreendem com coisas lindas!

A homenagem de hoje era para comemorar a marca de 800K no meu canal do YouTube! Até divulguei a arte deles no meu Instagram! Amei! Amo todos os meus fã-clubes!

Retorno

Estou me preparando para voltar ao Brasil. Viajar é ótimo! Amei tudo, até a parte difícil. Na vida, a gente tem que superar e encarar tudo, né?

Mesmo estando feliz por aqui, já estou com saudades de casa, da família, de tudo. Até do clima do Brasil! Vejo meus amigos postando fotos do verão, das férias na praia e na piscina, e eu nem curti o calor...

Estamos de volta!

Diário! Já estou em casa de novo. Em São José dos Campos, é claro! Agora moramos aqui definitivamente. Eu acho rsrs. Já mudei daqui para Itajubá, agora voltei, um dia quero morar em Nova Iorque. Então, moramos aqui, mas só Deus sabe até quando. :D

Assim que cheguei, fui direto para a casa da minha tia Quequel (é o apelido da minha tia Patrícia Raquel, a irmã do meu pai). Eu estava com saudade dela e da minha priminha Lulu! Aproveitei e já vi meus avós. Muitas saudades deles também.

15 Volta às aulas

Escola nova

Oi, diário!

Falta pouco para as minhas aulas começarem. Estou com bastante saudade das minhas amigas de Itajubá, mas tenho que estar preparada para tudo. Pode ser que um dia eu visite minha antiga escola. Por outro lado, estou ansiosa para tentar uma coisa diferente. Eu não vou ter medo da escola nova, que seja o que for!

No sexto ano, minha rotina vai ser bem puxada. Vou estudar de manhã e à tarde. As aulas começarão às sete. À tarde, vou ter aula de educação física, línguas e aulas extras.

Agora vai ser mais fácil porque é como se tudo começasse de novo. Ninguém vai conhecer ninguém. Poucas crianças eram da mesma escola no ano passado. Então espero que eu faça amigos rápido. Estou torcendo!

Bonjour

Uma coisa bem legal nessa nova escola é que dá para escolher uma língua diferente para aprender: inglês, francês ou alemão. Eu já faço inglês há algum tempo com uma professora que virou minha amiga. Então, como já viajei para a França e adorei, vou estudar francês mesmo.

Quem sabe no futuro, se meu pai precisar voltar para lá, eu consiga falar mais com as pessoas. Nas férias eu até me virava no inglês, mas também aprendi algumas palavras de francês.

Vou ter que me dedicar muito, muito mesmo. Já sei que em francês eles não lêem as palavras como se escreve. Algumas letras até têm sons diferentes... Au revoir!

FRANCÊS	PORTUGUÊS
Bonjour	Bom Dia
Salut	Oi!
Merci	Obrigada!
Au revoir	Até mais!
Parlez-vous anglais?	Você fala inglês?
Voulez-vous jouer?	Você que brincar?
Je suis Julia	Eu sou a Julia

Você conhece palavras em outra língua? Escreva aqui.

_____

_____

Sono pesado

Em Itajubá eu estudava à tarde. Agora vou estudar de manhã. Eu já estudei de manhã antes de mudar de escola. É só eu me organizar que tudo dá certo.

Para ser sincera, acho difícil acordar cedo. A maioria das vezes acordo com o despertador, às vezes acordo sozinha ou minha mãe me chama. O difícil é que tenho sono pesado. Teve uma vez que o despertador tocou várias vezes e eu continuei dormindo.

A escola fica perto da minha casa, então dá para ganhar uns minutinhos. Meu pai vai me levar de carro porque é difícil ir a pé. Assim, posso até cochilar no carro quando precisar!

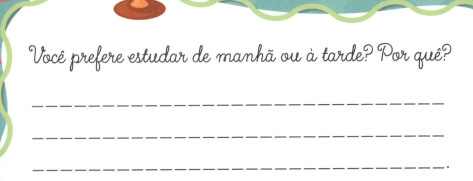

Você prefere estudar de manhã ou à tarde? Por quê?

Primeiro dia de aula

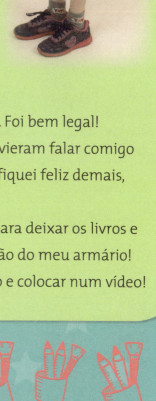

Acabei de voltar do meu primeiro dia de aula. Já vi que o ano vai ser bem movimentado, mas foi um alívio. Deu tudo certo! Cheguei e fui direto para a sala de aula. Para cada matéria, tem um professor diferente, então eles trocam de classe e nós alunos ficamos na mesma sala.

Para quebrar o gelo no primeiro dia, uma das professoras colocou os alunos sentados em dupla. Foi legal porque logo de cara já fiz uma nova amiga.

Depois, como é típico do primeiro dia, todos se apresentaram. Era só falar o nome, onde estudava antes e contar algo diferente sobre você. Foi bem legal!

Na hora do recreio, várias crianças vieram falar comigo porque já me conheciam dos vídeos. Eu fiquei feliz demais, conheci muita gente!

Nessa escola, vamos ter armários para deixar os livros e cadernos. Já estou pensando na decoração do meu armário! Tenho várias coisas legais! Vou fazer isso e colocar num vídeo!

Pegadinha

Pela primeira vez, vou ter dois professores homens. Um deles eu já conheci hoje, ele enganou a sala toda. Nossa! Agora é engraçado, mas antes eu achei que estava com problemas, que eu era uma péssima aluna.

Vou explicar o que aconteceu: no começo da aula de Ciências, ele começou a fazer várias perguntas. Ninguém acertou as respostas! A sala toda estava errando! Só depois, quando todo mundo parou de tentar, o professor avisou que era brincadeira. Que alívio! Hahaha :D

Fico feliz que tenha dado tudo certo no primeiro dia de aula. Os meus novos amigos parecem bem legais.

Você tem alguma história engraçada do seu primeiro dia de aula?

_____
_____.

Material escolar

Volta às aulas sempre me faz lembrar do material escolar. Eu adoro coisas fofinhas! Dessa vez, aproveitei que eu estava na França e comprei metade do material por lá. Eu sempre faço vídeos também para mostrar o meu material escolar.

Bom, por hoje chega. Já vou dormir, senão vai ser difícil de acordar amanhã...

Conheça o meu material:

16 Meus avós

Feriado!

Querido diário, hoje é feriado em São Paulo. É aniversário da cidade. Sabia que eu chamava meu avô Paulo, pai da minha mãe, de vovô São Paulo? Eu sempre me lembro dele. Minha mãe me disse que eu inventei esse nome porque meu pai falava: "Olá, Seu Paulo!". Eu era bem novinha e achava que o nome dele era São Paulo mesmo! Hahaha :D

Meu vovô São Paulo foi o primeiro fã do meu canal. Afinal, tudo começou por causa dele, lembra? Ele me chamava de celebridade! Foi bem triste quando ele se foi. Parece que ele dormiu e não acordou mais. Foi um trauma para minha família quando recebemos a notícia por telefone.

Triste :(

Naquele dia, eu tive um pesadelo horrível e acordei com um mau pressentimento. Na hora do almoço, meu pai chegou com cara de assustado. Ele foi para o quarto falar com a minha mãe, que logo depois começou a chorar. Não entendi o que estava acontecendo. Depois de um tempo, meu pai me contou que infelizmente o vovô São Paulo tinha falecido. A Cleo, nossa amiga, estava lá em casa e me disse que o vovô estava bem, num lugar melhor.

Seria o fim do canal?

Depois que meu avô faleceu, tivemos que ir às pressas para Recife. Foi bem triste voltar para casa e perceber que ele não ia mais me ligar todos os dias. Minha mãe até pensou em parar de gravar os vídeos. Ficamos uns 15 dias sem postar. As meninas me perguntavam porque eu não postava mais.

Eu tive que insistir para a gente voltar a gravar. Convenci minha mãe a continuar. Meu pai dizia que a gente tinha que fazer isso pelo meu avô. Até o padre falou isso na igreja.

O primeiro vídeo que fizemos depois disso foi um tutorial de tiara para Monster High.

Assista ao tutorial:

Vovô São Paulo para sempre!

Uma das coisas mais legais do meu avô é que ele acreditava mesmo que eu deveria ser uma celebridade e sempre torcia por mim mesmo de longe.

Todos os dias ele ligava para a minha mãe, dava sugestões de vídeos e comentava os vídeos que ele tinha visto. Ele sempre dizia que queria me ver numa novela ou em um programa de TV.

Um dia ele descobriu o telefone da produção de um programa e ligou lá pedindo para eles me entrevistarem. Estava quase tudo certo, mas infelizmente eles mudaram de idéia. Quando dei a minha primeira entrevista para um canal de TV, eu queria muito que ele estivesse assistindo. Com certeza ele ficaria muito feliz! :)

Você também tem algum parente que deixou saudade?

_____
_____
_____

Primeira youtuber

Já que lembrei do meu vovô São Paulo, vou aproveitar para falar de outra pessoa que também me inspira. Ela é minha bisavó Luiza, mãe da minha avó Cecília, que é mãe do meu pai.

A bisa Luiza foi a primeira youtuber da família, sabia? Até hoje, tem dois vídeos dela na internet falando sobre a palavra de Deus. Ela era minha madrinha de batismo e do meu pai também.

O nome do canal dela é Missionária Luiza Miranda. O canal é simples e só tem dois vídeos. Minha mãe me contou que a minha bisa estava com pneumonia. Então, meus pais sugeriram que ela fizesse um vídeo, já que não podia ir para a igreja. Quando ela faleceu, foi um trauma para a família, todos estavam viajando e voltaram às pressas. Triste mesmo. Os vídeos continuam públicos. Achamos que é uma forma de continuar a espalhar o amor e a fé em Deus que a bisa Luiza tinha.

17 Relembrando

Saudades!

Oi, diário! Hoje fiquei pensando, agora que moro em São José dos Campos, vou sentir saudades de Itajubá. A cidade tem quase 100 mil habitantes. Cidades também recebem placa de 100K? Ia ser engraçado! :D Acho que vou poder visitar a cidade de vez em quando.

Eu gostava de ir para o centro de Itajubá, explorar as lojinhas, sempre tinha coisas baratinhas e bem legais! Às vezes, eu e minha mãe tínhamos ideias de vídeos e artesanatos! O centro da cidade é bem bonito. Tem uma praça enorme, com um jardim, algumas lojinhas e uma igreja.

Morar lá também era legal porque eu adorava ir a pé para a escola. Eu escutava as maritacas cantando, ouvia vários barulhos de bichos. Já sinto saudade disso. Ainda bem que São José também é no interior e tem bastante natureza, mas é bem maior do que Itajubá.

O que você mais gosta de fazer na sua cidade?

_____
_____.

Aulas

As aulas já voltaram, então meu canal tem menos vídeos por semana. Tudo bem, afinal, meu dia só tem 24 horas! :D Além disso, as crianças que seguem o meu canal também estão estudando.

Além das aulas na escola, estou fazendo aulas de canto! Canto! Eu sempre amei cantar e agora estou aprendendo a usar a voz de forma correta com a Blacy Gulfier, ela é doutora da voz.

Cleo Resolve

Ah, diário! Preciso apresentar a Cleo para você! Ela é muito alto-astral e trabalhou com a gente quando morávamos em Itajubá. Já estou sentindo falta dela. A gente se fala sempre pelo celular, mas não é a mesma coisa! Todo mundo chama ela de Cleo, mas todas as irmãs dela são Cleo. Ela é a Cleomanice. Não sei direito o nome das irmãs. Talvez Cleópatra! Já pensou? Haha :) É muito legal, é uma coisa única da família dela. Toda vez que o telefone dela tocava, era alguém da família pedindo conselhos. Eu sempre brincava dizendo que era o Cleo Resolve!

A Cleo me ajudou muito também. Graças a ela, eu apareci numa revista de Itajubá. Foi a primeira entrevista da minha vida! Eles foram me fotografar na minha casa e me fizeram perguntas sobre meu canal. Fiquei muito feliz!

Superstar

Um dos meus sonhos para este ano é gravar uma música. Lembra da Priscilla Alcantara? Ela me mandou uma letra linda e está me ajudando nisso. Já estou me sentindo uma Superstar! Conversei com meus pais e vamos tentar fazer um clipe. Quem sabe para comemorar 1 milhão de seguidores no canal? Espero que dê tempo! Aliás, estou torcendo para chegar aos 900 mil essa semana. Simplesmente incrível!

Você já escreveu ou gostaria de escrever alguma música? Qual o tema da sua música?

_____
_____
_____
_____
_____.
_____

Jujuba

Diário, acho que eu ainda não contei sobre o meu bichinho de estimação! O nome dela é Jujuba, ela é uma calopsita linda, minha companheira!

A Lulu tomou conta dela para mim quando eu estava viajando. A Jujuba se comportou super bem. :)

Nós ganhamos a Jujuba faz uns quatro anos. Eu era bem pequena. O Dimas, amigo do meu pai, cria Calopsitas. Um dia, nós fomos visitá-lo e eu gostei muito de ver os pássaros. Ele abriu a gaiola e a Jujuba foi a primeira a voar para perto da gente. Então, ele me deu a Jujuba de presente! Ainda bem que meus pais concordaram!

A Jujuba até apareceu em alguns vídeos! Ela é famosa na internet, as crianças gostam dela! Ela é a mascote do meu canal!

Ela tem uma gaiola, mas na maior parte do tempo ela fica solta, voando pela casa para se exercitar. Ela sempre voa para perto de mim quando me vê. Somos bem ligadas!

Assista:

Você também tem ou gostaria de ter um animal de estimação? Qual?

_____

_____.

Sereias

Além de escrever um diário, também quero escrever histórias. A primeira vai ser sobre uma sereia. Aliás, isso é febre hoje em dia. Eu amo tudo relacionado a sereias. Ainda não pensei nas outras histórias.

Minha priminha Lulu começou a fazer vídeos de sereia e as pessoas adoraram. Eu também fui na onda dela!

Veja meu vídeo de sereia!

Parente do Drácula!

Estávamos fuçando na internet e descobrimos que o sobrenome Lomachinsky, da família da minha mãe, é da Romênia. Sabe o que tem nesse lugar? O Castelo do Conde Drácula. Dá para acreditar? E o mais engraçado é que eu sou bem branquinha e minha mãe também! :D

Será que sou parente da Draculaura? Eu sabia que esse gosto por Monster High tinha uma conexão bem maior. Hahahaha, brincadeirinha! Talvez um dia a gente viaje para lá. Interessante isso! Vou contar para todos os meus amigos da escola!

Você já tentou descobrir algo na internet sobre a sua família?

_____

_____

_____

_____

18 Um milhão!

Diário, você nem vai acreditar! Chegamos a 1 milhão de seguidores! AAAAAHHH!!!

Eu estava sem dormir, de tanta expectativa! Até acordei de madrugada. Eu queria gritar bem na hora que acontecesse e acordar todo mundo, mesmo que fosse de madrugada! Só que não foi bem assim.

O canal chegou a um milhão de manhã, e eu estava em uma coletiva de imprensa. No intervalo, eu e minha mãe resolvemos ver o canal e estava lá: um milhão! Finalmente, o dia chegou!!! AAAAAHHH!!! Estou escrevendo assim, mas na hora dei um grito bem baixinho, só para mim, para não passar vergonha. rsrsrs

Quatro anos!

Foram 4 anos batalhando para chegar a esse sonho! Estou muito feliz! Até marquei de conversar ao vivo com os fãs, para anunciar todas as novidades: a minha primeira música, meu videoclipe, meu livro e muito mais!

Obrigada!

É muita emoção! Se eu pudesse, dava um milhão de beijos e abraços em todos os meus amigos da internet. Tantas coisas boas aconteceram na minha vida graças a eles!

Contagem regressiva

Quando estávamos perto de milhão de seguidores, parecia que o tempo passava devagar. Todos estavam maior expectativa. Meus amigos me mandavam mensagens todos os dias!

Uma música para mim

A gravação da minha música foi muito especial. Nem acredito! A Priscilla Alcantara me mandou a letra e eu decorei rapidinho. Essa música é tudo o que eu sonhei! :)

Vamos sorrir
Autora: Priscilla Alcantara

Acordo bem cedo, vejo o sol brilhar
Com os passarinhos vou cantar
Não existe tristeza que possa me desanimar
Hoje é um grande dia!
Vamos juntos festejar!
Vou pegar um avião
Subir até poder ver o mundo inteiro feliz a cantar
Descobrir que basta só eu sorrir
Para tudo em volta mudar
Meu sonho de criança sei que vai se realizar
Vamos sorrir e juntos festejar!

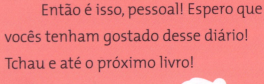

Quer saber como foi a gravação?

Então é isso, pessoal! Espero que vocês tenham gostado desse diário! Tchau e até o próximo livro!

Beijos monstruosos e eletrizantes!